# Recursos naturales

Escrito por Bill Boyle
Ilustrado por Clive Spong
Escrito en español por Pat Almada

Los recursos naturales son materiales que vienen de la tierra.

El carbón es un recurso natural
que se extrae de minas subterráneas.

Los mineros excaban túneles en las minas para extraer el carbón.

El oro y los diamantes también son recursos naturales.

Estos mineros hacen una explosión para extraer el oro de la mina.

La piedra pizarra es otro recurso natural. La extraen del pizarral y la usan para hacer techos.

El petróleo es otro recurso natural. Es una fuente de energía que se encuentra muy abajo de la tierra.

La plataforma petrolífera extrae petróleo de la tierra bajo el mar.

Los árboles son recursos naturales importantes.

Los leñadores cortan los árboles
y llevan los troncos al aserradero.

Alguna madera es para las fábricas de papel.

Esta máquina mezcla y tritura la madera para hacer pulpa que después se convertirá en papel.

¿Qué recursos naturales ves aquí?